SPARGEL

EIN KÖNIGLICHER GENUSS

SPARGEL

EIN KÖNIGLICHER GENUSS

EDITION XXL

Spargel – als wilder Spross bereits berühmt

Die Faszination „Spargel“ ist groß. Ob „Frühlingsluft in Stangen“ oder „essbares Elfenbein“, die Vergleiche kennen keine Grenzen.

Nicht von ungefähr gilt Spargel als „königliches Gemüse“. Denn bereits vor mehr als 5 000 Jahren wurde er den altägyptischen Königen (Pharaonen) als Delikatesse serviert. Wandmalereien und Fresken von Spargelmahlzeiten in den Königspyramiden legen Zeugnis davon ab. Die Herrscher des Altertums kannten allerdings nur den Wildspargel – grün und nicht viel dicker als ein Grashalm.

Die Römer zähmten den Wildling

Augustus, erster römischer Kaiser (63 v. Chr. bis 14 n. Chr.), und seine Nachfolger schätzten den Spargel ebenfalls so sehr, dass römische Gärtner als Erste in Europa mit planmäßigem Anbau begannen. Von dem weißen Spargel, wie wir ihn kennen, waren jedoch die damaligen Züchtungen noch weit entfernt. Zwar waren es keine dünnen Hälmchen mehr, aber grasgrün war der Spargel immer noch.

Mit dem Untergang des römischen Reiches im 5. Jahrhundert verschwand der Spargel diesseits der Alpen und geriet in Vergessenheit. Erst nach und nach wurde er hinter Klostermauern, später dann wiederum von einem König, nämlich Ludwig XIV. (1643 bis 1715), in seinen Schlossgärten zu neuem Leben erweckt. In Nachahmung dieser königlichen Liebhaberei ließ der pfälzische Kurfürst Karl Ludwig um 1650 auf seinem Hofgut Schwetzinger Spargel für die Hofküche anbauen. Großkulturen wurden aber erst 200 Jahre später – um 1870 – in Schwetzingen angelegt.

Verwandlung von grün in weiß

Seit Ende des 18. Jahrhunderts war die Methode, Spargel in Hügelbeeten ohne Lichteinwirkung zu ziehen, bekannt. Damit war der weiße Spargel erfunden. Denn unter Einwirkung von Sonnenlicht bildet sich Chlorophyll und der Spargel wird violett bis grün.

Spargel braucht leichte, sandige Böden, die sich schnell erwärmen. Die Karte „Anbaugebiete“ auf der nächsten Seite zeigt, wo sich die günstigsten Lagen in Deutschland befinden. Im warmen Klima Süddeutschlands kann mit der Ernte eher begonnen werden als in den nördlichen Anbaugebieten.

Gleich nach Sonnenaufgang beginnt der Bauer mit dem Spargelstechen. Feine Risse auf dem Erdhügel zeigen ihm, wo Spargelköpfe in Kürze durchbrechen. Dort legt er die Stangen von Hand frei und sticht sie mit einem Spezialmesser in etwa 25 cm Tiefe ab. Sie werden sofort in Körbe oder Steigen gelegt und schnell mit feuchten Tüchern abgedeckt, damit sie nicht austrocknen und sich nicht jetzt noch verfärben. Das Ernteloch wird sofort mit einer Kelle wieder verschlossen und glatt gestrichen.

Die Spargelsaison beginnt je nach Witterung ab April und endet am 24. Juni (Johannistag). Danach ist traditionell Schluss mit dem Spargelstechen, damit die Pflanzen neue Kraftreserven bilden können.

Spargelanbau in Deutschland

Auf rund 12 000 Hektar Ertragsfläche wird in Deutschland Spargel angebaut.

Die größten Anbaugebiete sind:

ca. 3 000 Hektar in Niedersachsen
ca. 1 700 Hektar in Bayern
ca. 1 600 Hektar in Hessen
ca. 1 600 Hektar in Nordrhein-Westfalen
ca. 1 270 Hektar in Brandenburg
ca. 1 270 Hektar in Baden-Württemberg

Insgesamt werden in Deutschland jährlich etwa 55 000 Tonnen Spargel geerntet. Damit ist Spargel eines der wichtigsten Gemüse im deutschen Anbau.

Im Durchschnitt verzehrt jeder Bundesbürger pro Jahr 1,3 kg heimischen und 0,9 kg importierten Spargel (Quelle: bme).

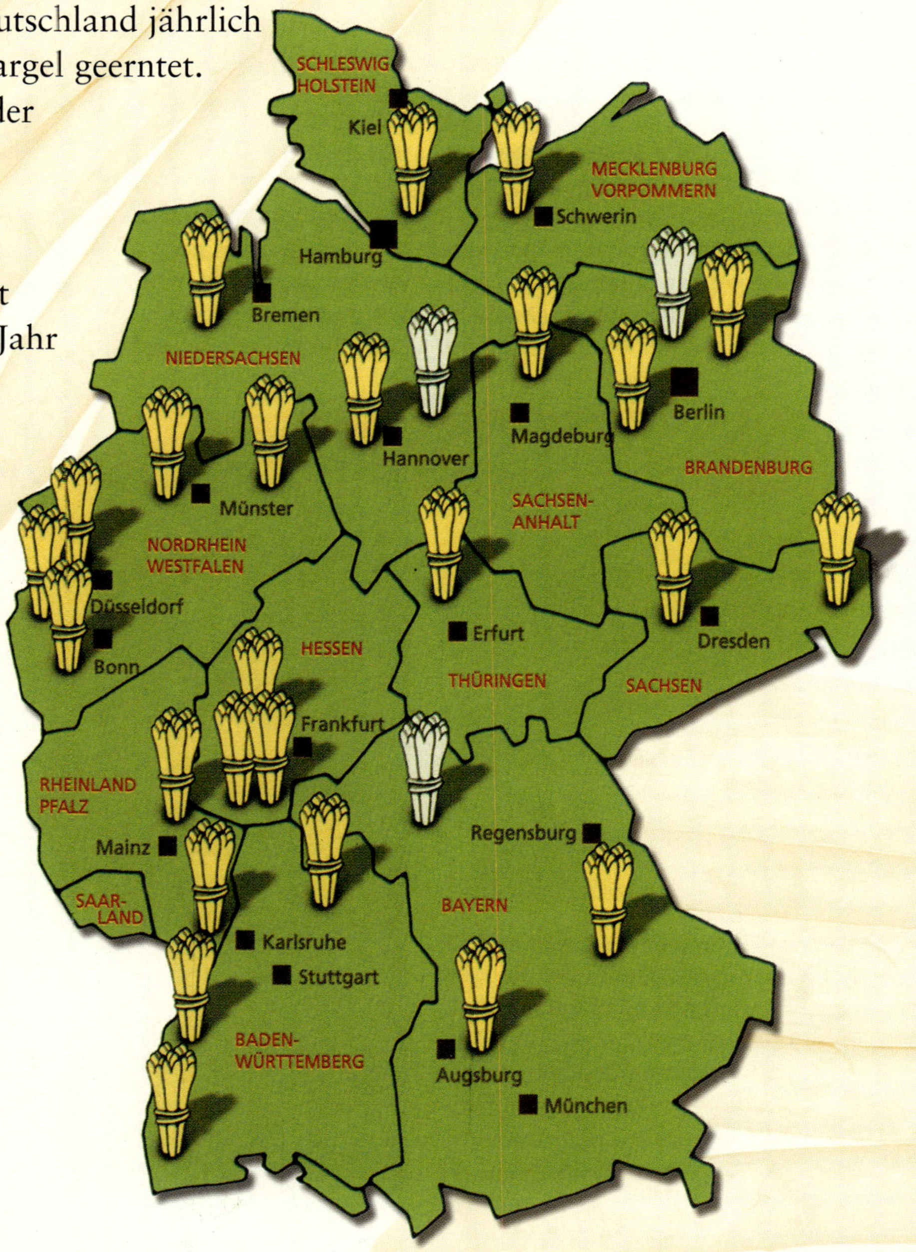

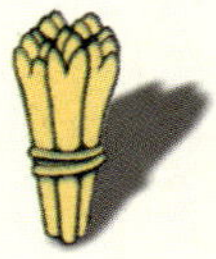
Haupt-
anbaugebiete

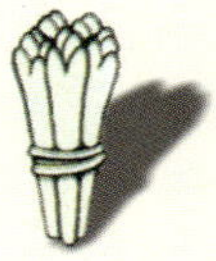
Weitere
Anbaugebiete

Güteklassen und Nährwerte

Güteklassen

Klasse extra

Stangenspargel in höchster Qualität. Die Köpfe müssen weiß und fest geschlossen sein, die Stangen gerade, glatt und von gleicher Länge: 22 cm. Durchmesser: 16 bis 26 mm. Die Schale darf leicht rosa gefärbt sein.

Klasse I

Die Stangen müssen gerade gewachsen und unbeschädigt sein, die Köpfe weiß und fest geschlossen. Leichte so genannte Rostspuren sind zulässig, wenn sie durch normales Schälen verschwinden. Länge 17 bis 22 cm, Durchmesser: ab 12 bis 26 mm.

Klasse II

Die Stangen dürfen leicht gebogen, aber nicht beschädigt sein. Die Schale kann rosa Farb- und Rostspuren aufweisen. Die Köpfe dürfen locker, leicht gefärbt, aber nicht grün sein. Länge: 12 bis 22 cm, Durchmesser: ab 12 mm.

Die deutschen Spargelerzeuger nehmen in der Regel eine Sortierung vor, die wesentlich über den durchschnittlichen Normen der EU liegt. Die „ideale Spargelstange“ ist bis maximal 22 cm lang und hat einen Durchmesser von 16 bis 22 mm.

Nährwerte

Gegarter Spargel liefert nur 13 kcal (52 kJ) pro 100 g. Spargel besteht zu 93 Prozent aus Wasser.

Er vereint aber eine ganze Reihe von Vitaminen, Mineralstoffen und Spurenelementen in sich. Hervorzuheben sind Vitamin K, Folsäure und Biotin, die u. a. am Knochenstoffwechsel, an Haut- und Haaraufbau und an der Zellerneuerung beteiligt sind.

Seine Ballaststoffe wirken verdauungsfördernd und das in ihm enthaltene Asparagin entwässernd.

Weißer Spargel enthält insg. etwa 2 g Kohlenhydrate pro 100 g. Darin ist auch der Zuckeranteil enthalten. Bemerkenswert ist, dass in den Spargelspitzen, die für das Längenwachstum verantwortlich sind, deutlich weniger Zucker vorhanden ist als im unteren Stangenteil.

Spargel ist entwässernd, harntreibend und regt die Nierentätigkeit an.

Die richtige Zubereitung

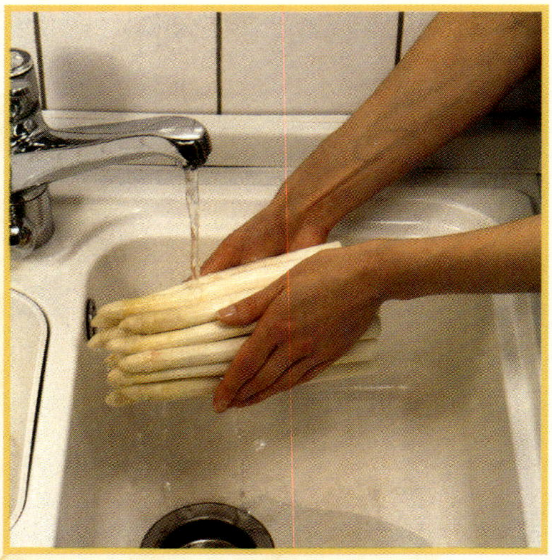

1. Damit die Spargelschalen und –abschnitte ausgekocht und für Suppen und Soßen verwendet werden können, die Stangen unter fließendem Wasser abspülen und auf Küchenkrepp abtropfen lassen.

2. Beim Einkauf auf Frische der Stangen achten. Nur feste, knackige Stangen lassen sich problemlos schälen. Dazu die Stangen auf die flache Hand legen und mit einem Spargelschäler unterhalb des Kopfes beginnend bis zum Ende – und zwar dort etwas dicker – schälen.

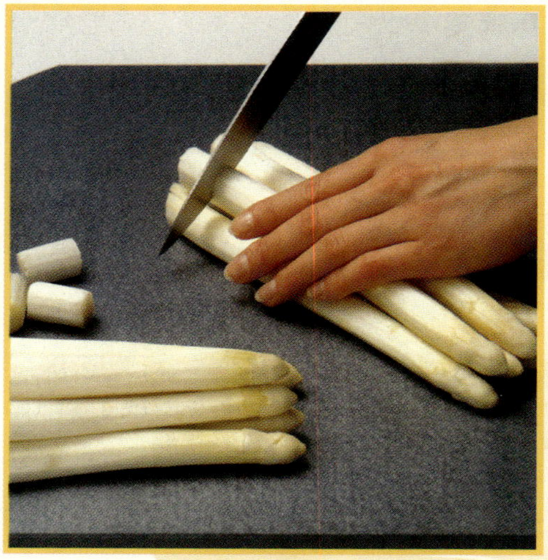

3. Die Enden mit einem scharfen Messer abschneiden und zusammen mit den Schalen 10 bis 15 Min. auskochen. Dieser Sud ergibt eine aromatische Basis für sahnige Suppen und Soßen.

Die richtige Zubereitung

4. Den vorbereiteten Spargel mit Küchengarn in Portionen von 8 bis 10 Stangen zusammenbinden. So lässt er sich leicht aus dem Sud heben.

5. Wasser, 1 Prise Salz und 1 bis 2 Teelöffel Zucker in einem breiten Topf zum Kochen bringen. Den Spargel bündelweise oder auf einem Siebeinsatz hineinlegen, so dass er mit Wasser bedeckt ist. 10 bis 15 Min. garen.

6. Es gibt Spezialtöpfe, in denen der Spargel in einem Siebeinsatz senkrecht stehend gegart wird. Er soll maximal zu 3/4 im Wasser stehen, die zarten Spitzen garen bei geschlossenem Topf im Dampf. Ein Topf von 16 cm Durchmesser ist geeignet für 750 bis 1 000 g Spargel. Bei einer kleineren Menge würden die Stangen einknicken.

Zutaten für 6 Personen:

750 g weißer Spargel
je 1/2 TL Salz und Zucker
100 g gekochter Schinken
50 g roher Schinken
100 g Fleischwurst
6 Scheiben Toast
Butter zum Bestreichen
2 Eier
100 ml süße Sahne
50 g geriebener Allgäuer Emmentaler
Salz
Pfeffer
Rapsöl zum Braten
Schnittlauchröllchen

Zubereitung:

1. Den Spargel waschen, schälen, holzige Enden abschneiden und die Stangen halbieren.

2. Wasser mit Salz und Zucker zum Kochen bringen, den Spargel hineingeben und in 10 bis 12 Minuten bissfest kochen. Herausnehmen, gut abtropfen und erkalten lassen.

3. Schinken und Fleischwurst in feine Streifen schneiden. Toast goldbraun rösten, abkühlen lassen und mit Butter bestreichen. Spargelstangen darauf legen und Schinken- und Wurststreifen darüber geben.

4. Eier, Sahne und Emmentaler mit etwas Salz und Pfeffer verquirlen und im Rapsöl zu Rührei stocken lassen. Auf den Toastschnitten verteilen und vor dem Servieren mit Schnittlauchröllchen bestreuen.

Spargel-Toast

kalifornisch

Zutaten für 4 Personen:

500 g weißer Spargel
1 Bund Lauchzwiebeln
1,5 l Hühnerbrühe
1 Msp. Safranfäden
4 EL Butter, 400 g Risottoreis
3 EL kalifornische Mandelstifte
100 ml Weißwein
3 EL geriebener Parmesan
Salz, Pfeffer

Zubereitung:

1. Spargel waschen, schälen und schräg in 3 cm große Stücke schneiden. Die Lauchzwiebeln waschen, dunkelgrüne Teile in Röllchen, hellgrüne Teile in kurze Stücke schneiden.

2. Hühnerbrühe mit Safran aufkochen und auf kleiner Stufe warm halten.

3. Die Mandelstifte in einer kleinen Pfanne ohne Fett rösten. Die Hälfte davon mit den Spargel- und Lauchzwiebelstücken in 1 EL Butter 2 Minuten dünsten. Den Reis dazugeben und unter Rühren glasig werden lassen. Mit Weißwein ablöschen, kurz einkochen lassen. Etwa 1/3 der Hühnerbrühe gleich angießen, den Rest schöpfkellenweise nach und nach zugeben. Dabei ständig umrühren.

4. Nach 20 Minuten ist das Risotto fertig. Es soll nicht fest, sondern cremig sein. Die Reiskörner sollen „al dente“ bleiben. Restliche Butter, geriebenen Käse und Zwiebelröllchen unterrühren, abschmecken, auf Teller verteilen und mit den restlichen Mandelstiften bestreut sofort servieren.

Spargelrisotto „Kalifornia"

pikant

Zutaten für 4 Personen:

800 g weißer Spargel
je 1/2 TL Salz und Zucker
4 EL Himbeeressig
Salz
Pfeffer
Zucker
6 EL Rapsöl
1 TL mittelscharfer Senf
1 kleine Zwiebel
300 g Räucherlachs am Stück
Salatblätter
Dillspitzen

Zubereitung:

1. Den Spargel waschen, schälen, holzige Enden abschneiden. Die Stangen in 3 bis 4 cm große Stücke schneiden. Wasser mit Salz und Zucker aufkochen und die Spargelstücke darin 10 bis 12 Minuten garen. Herausnehmen, gut abtropfen und erkalten lassen.

2. Essig, Salz, Pfeffer und Zucker verrühren, Öl und Senf unterschlagen. Die Zwiebel schälen, fein hacken und unter die Soße mischen.

3. Den Lachs in mundgerechte Stücke schneiden und mit den Spargelstücken mischen. Die Soße unterheben und alles zugedeckt im Kühlschrank 30 Minuten ziehen lassen.

4. Auf Salatblättern anrichten und mit Dillspitzen garnieren.

Spargel-Lachs-Salat

natürlich

Zutaten für 4 Personen:

500 g weißer Spargel
200 g Sauerampfer
200 g Löwenzahn
1 Hand voll Gänseblümchen-Blätter
4 Bananen
6 EL Salatmajonäse
50 ml süße Sahne
1 EL Curry
1 EL Zitronensaft
Salz
Pfeffer

Zubereitung:

1. Den Spargel schälen und in Salzwasser gar kochen. Den Sauerampfer, die Gänseblümchen und den Löwenzahn abbrausen und verlesen, größere Blätter zerteilen.

2. Die Bananen schälen und in Scheiben schneiden. Den Spargel aus dem Wasser nehmen, abtropfen lassen und in mundgerechte Stücke schneiden.

3. Aus der Salatmajonäse, der Sahne, dem Curry, dem Zitronensaft, Salz und Pfeffer eine Salatsoße anrühren.

4. Die Salatzutaten mischen, auf Tellern anrichten und die Salatsoße darüber geben.

Spargel-Wildkräutersalat mit Bananen

fruchtig

Zutaten für 4 Personen:

800 g weißer Spargel
300 g Erdbeeren
3 EL Orangensaft
2 EL Jogurt
2 EL leichte Majonäse
2 EL Kräuter-Crème fraîche
Zucker
Salz
Pfeffer
Salatblätter
Schnittlauchröllchen

Zubereitung:

1. Den Spargel waschen, schälen, holzige Enden abschneiden. Die Stangen in 2 cm große Stücke schneiden.

2. Die Spargelstücke in reichlich Salzwasser in 10 bis 12 Minuten garen. Abgießen, gut abtropfen und erkalten lassen.

3. Die Erdbeeren kalt abbrausen, trockentupfen, putzen und vierteln.

4. Orangensaft mit Jogurt, Majonäse und Crème fraîche glatt rühren. Mit Zucker, Salz und Pfeffer abschmecken.

5. Die Spargelstücke und Erdbeerviertel unter die Soße heben und auf Salatblättern anrichten. Mit Schnittlauchröllchen bestreut servieren.

Spargelsalat mit Erdbeeren

würzig

Zutaten für 4 Personen:

ca. 300 g verschiedene grüne Salate
1 kg weißer Spargel
Salz
1 EL Butter
etwas Zucker
1 Prise geriebene Muskatnuss
400 g Entenbrustfilets
2 EL Speiseöl
Paprikapulver
Pfeffer

Für das Dressing:
125 g Löwensenf Creme-Dip
4 EL Orangensaft

Zubereitung:

1. Salat putzen, waschen und in mundgerechte Stücke zerteilen. Spargel waschen, putzen, schälen und halbieren.

2. Spargelstücke in Salzwasser mit Butter, Zucker und Muskatnuss ca. 10 bis 15 Minuten garen, abtropfen lassen und warm stellen.

3. Entenbrustfilets waschen, trockentupfen, in erhitztem Öl ca. 15 Minuten braten, mit Paprikapulver, Salz und Pfeffer würzen und tranchieren.

4. Für das Dressing Creme-Dip und Orangensaft verrühren und etwas erhitzen. Spargel, Salat und Entenbrustscheiben dekorativ auf Tellern anrichten. Mit dem warmen Dressing beträufeln.

Tipp: Nach Wunsch mit gerösteten Pinienkernen und Rucola garniert servieren.

Frühlingssalat „Liebevoll"

cremig

Zutaten für 4 Personen:

600 g Spargel
3/4 l Wasser
1 TL Salz
1 TL Zucker
50 g Butter
40 g Mehl
1/4 l süße Sahne
50 g geriebener alter Holland-Gouda
1 TL Hühnerbrühe (Instant)
etwas geriebene Muskatnuss
1 Eigelb
50 g Räucherlachs
20 g Brunnenkresse

Zubereitung:

1. Spargel schälen, waschen, in 3 cm lange Stücke schneiden. Mit Salz und Zucker in 3/4 l Wasser ca. 15 Minuten garen. Über einem Sieb abgießen, dabei das Kochwasser auffangen.

2. Butter schmelzen, Mehl einrühren, mit Spargelwasser und Sahne auffüllen und 5 Minuten kochen lassen.

3. Den geriebenen Gouda einrühren und mit Hühnerbrühe und Muskatnuss abschmecken. Das Eigelb verquirlen und in die Cremesuppe rühren. Achtung: nicht mehr kochen lassen. Zum Schluss die Spargelstücke zugeben.

4. Die Suppe auf Teller verteilen und vor dem Servieren mit Räucherlachsstreifen und Brunnenkresse garnieren.

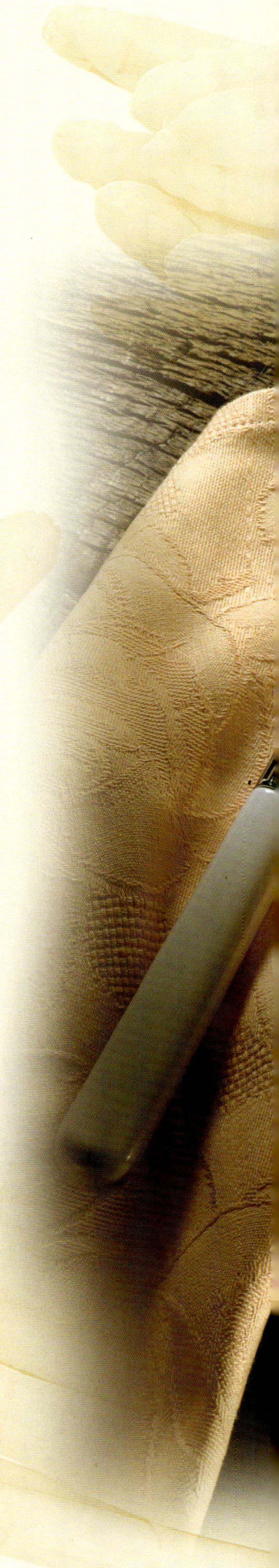

Spargel-Käsecremesuppe mit Räucherlachs

Zutaten für 4 Personen:

je 250 g grüner und weißer Spargel
3/4 l Gemüsebrühe
20 g Butter
etwas Zucker
2 Stangen Porree
1/8 l süße Sahne
100 g Frischkäse
2 EL Schmelzkäse
2 Eigelb
Salz
1 Msp. weißer Pfeffer (z. B. von Ostmann)
1 Msp. Muskat (z. B. von Ostmann)
2 Msp. Cayennepfeffer (z. B. von Ostmann)
1/2 TL Petersilie (z. B. von Ostmann)
1/2 TL Dillspitzen (z. B. von Ostmann)
1 TL Zitronensaft

Zubereitung:

1. Spargel putzen, bei dem grünen Spargel nur das untere Drittel, den weißen Spargel ganz schälen und in Stücke schneiden.

2. Brühe mit einem Stich Butter und einer Prise Zucker zum Kochen bringen, Spargel dazugeben und ca. 15 Minuten garen.

3. Porree putzen, waschen, in Ringe schneiden und nach ca. 10 Minuten zum Spargel geben.

4. Sahne, Frisch- und Schmelzkäse mit den Eigelben verquirlen, Suppe damit legieren. (Vorsicht: Die Suppe darf jetzt nicht mehr kochen, sonst gerinnt das Eigelb.) Die Suppe mit den Gewürzen sowie Zitronensaft abschmecken. Mit Kräutern bestreut servieren und frisches Körnerbrot dazu reichen.

Spargelsuppe

al dente

Zutaten für 4 Personen:

250 g schmale Bandnudeln
1 TL Salz
800 g weißer Spargel
je 1/2 TL Salz und Zucker
1 mittelgroße Zwiebel
200 g gekochter Schinken
3 EL Rapsöl
200 ml süße Sahne
2 Eigelb
50 g geriebener deutscher Gouda
Salz, Pfeffer
2 EL gehacktes Basilikum

Zubereitung:

1. Nudeln mit Salz in reichlich Wasser bissfest kochen, abgießen und abtropfen lassen.

2. Spargel waschen, schälen und holzige Enden abschneiden. Die Stangen in 2 cm große Stücke schneiden und mit Salz und Zucker in ca. 1 1/4 l Wasser nicht zu weich kochen. Abgießen und gut abtropfen lassen.

3. Zwiebel schälen und hacken, Schinken fein würfeln. Beides im Rapsöl goldbraun anbraten, Spargel dazugeben. Sahne mit Eigelb, Gouda, etwas Salz und Pfeffer verquirlen und unter die Spargel-Schinkenmischung heben und nochmals heiß werden lassen (nicht mehr kochen).

4. Bandnudeln vorsichtig untermischen, zugedeckt 5 Minuten ziehen lassen und mit Basilikum bestreut servieren.

Spargel-Schinkencreme mit Bandnudeln

Zutaten für 4 Personen:

4 große Kartoffeln
je 1 kg weißer und grüner Spargel
8 kleine Champignons
4 Putenschnitzel
4 EL Sonnenblumenöl
(z. B. von Thomy)
1 Packung Sauce hollandaise
(z. B. Thomy Les Sauces)
2 EL Sherry
1/2 TL Zucker
1 TL Butter
1 Prise Maggi Würzmischung 3
1 Prise Fondor

Zubereitung:

1. Die Kartoffeln waschen, in der Schale kochen, abkühlen lassen und je nach Geschmack pellen. Jede Kartoffel in mundgerechte Stücke schneiden. Die Champignons putzen.

2. Die Putenschnitzel waschen, trockentupfen und mit der Würzmischung würzen. Jeweils längs in Streifen schneiden.

3. Die Zutaten auf Spieße stecken. Dazu das Schnitzelfleisch an einem schmalen Ende aufspießen, Kartoffeln und Champignons so aufstecken, dass sich das Fleisch spiralförmig herumdreht.

4. Das Öl in einer Pfanne erhitzen und die Spieße darin von jeder Seite ca. 4 Minuten braten. 2 EL Wasser dazugeben und bei mittlerer Hitze und geschlossenem Deckel ca. 10 Minuten schmoren.

5. In der Zwischenzeit den weißen Spargel schälen und zusammen mit dem grünen Spargel in ca. 2 cm große Stücke schneiden. In reichlich Wasser mit einer Prise Fondor, dem Zucker und der Butter ca. 15 Minuten garen. Abschütten und gut abtropfen lassen.

6. Die Sauce hollandaise nach Packungsanweisung zubereiten und mit dem Sherry verfeinern. Die Spieße und den Spargel auf Tellern anrichten und die Sauce hollandaise darüber geben.

Putenspieße mit Spargel

Zutaten für 4 Personen:

750 g weißer Spargel
je 1/2 TL Salz und Zucker
1 mittelgroße Zwiebel
50 g Frühstücksspeck
600 g Putenbrustfilet
Salz
Pfeffer
1–2 EL Mehl
50 g Butterschmalz
100 ml lieblicher Weißwein
250 ml süße Sahne
4 EL Crème fraîche
2 EL gehackte Petersilie

Zubereitung:

1. Den Spargel waschen, schälen und die holzigen Enden abschneiden. Danach die Stangen in 3 cm große Stücke schneiden.

2. 3/4 l Wasser mit Salz und Zucker aufkochen, Spargelstücke darin 8 Minuten dünsten. Herausnehmen und gut abtropfen lassen.

3. Die Zwiebel schälen und würfeln, Speck ebenfalls in Würfel schneiden. Die Filets in Streifen schneiden, salzen, pfeffern und in Mehl wenden. Zwiebel- und Speckwürfel in Butterschmalz andünsten, Fleisch hinzufügen und alles goldgelb anbraten.

4. Wein und Sahne angießen und zu einer cremigen Soße einkochen lassen. Mit Salz und Pfeffer abschmecken, die Spargelstücke und Crème fraîche unterheben.

5. Alles noch einmal heiß werden lassen (nicht kochen) und vor dem Servieren mit Petersilie bestreuen. Dazu passen Kartoffelrösti, Reis oder Nudeln.

Spargel-Putengeschnetzeltes

knackig

Zutaten für 4 Personen:

6–8 neue Kartoffeln
Salz, 1 Prise Zucker
500 g Spargel
2 kleine Strauchtomaten
1 Zwiebel
250–300 g Schweinefilet
2 EL Öl zum Braten
Pfeffer, etwas brauner Zucker
3 EL saure Sahne
gehackte Petersilie

Zubereitung:

1. Die Kartoffeln gründlich waschen und mit der Schale in Salzwasser ca. 20 Minuten kochen, anschließend abschütten und warm halten.

2. Den Spargel schälen und in Salzwasser mit einer Prise Zucker ca. 15 Minuten kochen.

3. Die Tomaten an der Blüte über Kreuz einschneiden, mit kochendem Wasser übergießen, häuten und in kleine Würfel schneiden. Die Zwiebel schälen und fein hacken.

4. Das Filet in Medaillons schneiden. In einer Pfanne das Öl erhitzen und die Medaillons von jeder Seite ca. 2 bis 3 Minuten braten. Aus der Pfanne nehmen, salzen und pfeffern, warm stellen.

5. Die Tomatenstücke und die Zwiebel in der gleichen Pfanne anschmoren, den braunen Zucker darüber streuen und karamellisieren lassen. Mit etwas Spargelwasser und der sauren Sahne ablöschen und mit Salz und Pfeffer würzen.

6. Den Spargel aus dem Wasser heben und auf Tellern mit den gepellten Kartoffeln und den Medaillons anrichten. Die Soße darüber geben und nach Wunsch mit gehackter Petersilie bestreuen.

Spargel mit Schweinemedaillons

verspielt

Zutaten für 5 Personen:

1 Packung TK-Blätterteig
1 Ei
150 g gekochter Schinken
50 g geriebener Käse
2,5 kg weißer Spargel
1 Prise Fondor
1/2 TL Zucker
1 TL Butter
1 Packung Sauce hollandaise
(z. B. von Thomy Les Sauces)

Zubereitung:

1. Den Backofen auf 175° C vorheizen und zwei Backbleche mit Backpapier auslegen.

2. Die Blätterteigplatten auf einer bemehlten Arbeitsfläche antauen lassen. Das Ei verquirlen und die Platten damit bestreichen. Den gekochten Schinken und den Käse auf drei Platten verteilen und die übrigen Teigplatten darauf legen.

3. Mit einem scharfen Messer der Länge nach in je 5 Streifen schneiden, diese spiralartig drehen, auf die Backbleche legen und mit dem restlichen verquirlten Ei bestreichen. Im Backofen ca. 25 Minuten backen.

4. Den Spargel waschen, schälen und in 2 l Wasser mit Zucker, Fondor und Butter ca. 20 Minuten garen.

5. Die Sauce hollandaise nach Packungsanweisung erwärmen, zum Spargel und den Schinkenschleifen servieren.

Tipp: Der gekochte Schinken kann auch durch Lachs ersetzt werden.

Spargel mit Schinkenschleifen

Zutaten für 4 Personen:

1 kg weißer Spargel
Salz
4 EL Butter
30 g Mehl
75 ml trockener Weißwein
(z. B. von Langguth Erben)
1/2 Becher süße Sahne
etwas Zitronensaft
1 Prise Muskatnuss
6 Eier
4 EL Milch
100 g gewürfelter Kochschinken
2 EL gemischte TK-Kräuter
Pfeffer
100 g geriebener Gouda

Zubereitung:

1. Spargel vorbereiten, in Stücke schneiden und in kochendem Salzwasser ca. 15 Minuten garen. Herausnehmen, dabei das Kochwasser auffangen und den Spargel gut abtropfen lassen.

2. 2 EL Butter erhitzen, Mehl darin anschwitzen, 100 ml des aufgefangenen Spargelwassers, Weißwein und Sahne angießen, kurz aufkochen lassen und mit Zitronensaft, Salz und Muskat abschmecken.

3. Eier mit Milch verquirlen, Schinken unterziehen und mit Kräutern, Salz und Pfeffer würzen. Restliche Butter erhitzen, Eimasse angießen, unter Rühren stocken lassen und in eine gefettete Auflaufform füllen. Spargel darauf verteilen, die Soße darüber gießen und mit Käse bestreuen.

4. Den Auflauf im vorgeheizten Backofen bei 200° C ca. 20 bis 30 Minuten goldbraun backen. Nach Wunsch mit Kräutern garniert servieren.

Pfälzer Spargelauflauf

klassisch

Zutaten für 4 Personen:

2 kg weißer Spargel
Salz
Zucker
Limettensaft
2 EL Butter
2 Packungen Sauce hollandaise (z. B. von Meggle)
500 g gekochter oder geräucherter Schinken
800 g neue Kartoffeln

Zubereitung:

1. Den Spargel schälen und holzige Enden abschneiden. In vier Bündel teilen und jeweils mit Küchengarn zusammenbinden. Reichlich Wasser mit Salz, Zucker, Limettensaft und Butter zum Kochen bringen und die Bündel darin 15 bis 20 Minuten garen.

2. Die Kartoffeln waschen und mit der Schale in Salzwasser 20 bis 25 Minuten kochen.

3. Die Sauce hollandaise in 125 ml Wasser oder Spargelwasser schmelzen lassen, bei mittlerer Hitze aufkochen und gut durchrühren.

4. Den Spargel aus dem Wasser nehmen, Küchengarn entfernen und nach Wunsch mit dem Schinken umwickeln. Zusammen mit der Sauce hollandaise und den gepellten Kartoffeln servieren.

Spargel klassisch

Zutaten für 4 Personen:

1,5 kg weißer Spargel
Salz
1 TL Zucker
1 TL Butter
2 Eier
50 g geriebener Parmesan
50 g kalifornische Mandelblättchen
8 dünne Kalbsschnitzel
Mehl
Salz
Pfeffer
Butterschmalz

Für die Soße:
2 Bund Petersilie
8 Sardellenfilets
2 EL Zitronensaft
3 EL geriebene kalifornische Mandeln
Salz, Pfeffer
120 ml Olivenöl

Zubereitung:

1. Den Spargel waschen und schälen. In einem großen Topf Wasser mit Salz, Zucker und Butter zum Kochen bringen. Den Spargel zugeben und 15 Minuten kochen.

2. In der Zwischenzeit für die Soße die Petersilie waschen, trockenschütteln und abzupfen. Zusammen mit den Sardellenfilets, Zitronensaft und geriebenen Mandeln in einen Blitzhacker geben. Gleich salzen, damit die Soße schön grün bleibt, nach und nach das Olivenöl zugeben. Zum Schluss mit Pfeffer abschmecken.

3. Die Eier mit Parmesan in einer Schüssel verquirlen und die Mandelblättchen unterrühren. Die Kalbsschnitzel leicht salzen und pfeffern, in Mehl wenden und durch die Eiermischung ziehen.

4. Butterschmalz in einer Pfanne erhitzen und die Piccatas ca. 5 bis 6 Minuten braten. Die Piccatas mit dem Spargel und der Soße servieren.

Spargel mit Mandelpiccata

Zutaten für 4 Personen:

500 g Kartoffeln
750 g grüner Spargel
1 Prise Fondor
Pfeffer aus der Mühle
1/2 TL Zucker
1 TL Butter
150 g durchwachsener Speck
1 Zwiebel
1 Packung Béchamelsoße
(z. B. von Thomy Les Sauces)
2 EL Schnittlauchröllchen

Zubereitung:

1. Die Kartoffeln waschen, in der Schale kochen, abkühlen lassen, pellen und in Scheiben schneiden.

2. Den Spargel waschen, schälen und in Stücke schneiden. In einem Topf 2 l Wasser mit Fondor, Zucker und Butter zum Kochen bringen und die Spargelstücke ca. 20 Minuten garen.

3. Den Speck in kleine Würfel schneiden, in einer Pfanne ohne Fett braten, die Zwiebel schälen und in kleine Würfel geschnitten dazugeben. Die Béchamelsoße hinzufügen und heiß werden lassen.

4. Die Kartoffelscheiben und die Spargelstücke unterheben und mit Pfeffer abschmecken.

5. Alles auf Tellern anrichten und mit den Schnittlauchröllchen garniert servieren.

Béchamelkartoffeln mit Spargel

zart

Zutaten für 4 Personen:

je 400 g weißer und grüner Spargel
500 ml Gemüsebrühe
Zucker
20 g Butter
600 g Schweinefilet
frisch gemahlener Pfeffer
8 Scheiben Bacon
2 EL Speiseöl
2 Schalotten
1 Becher Mascarpone (z. B. von Galbani)
50 ml Prosecco
Salz, Pfeffer
1 TL gehackte Estragonblättchen

Zubereitung:

1. Weißen Spargel ganz, bei dem grünen Spargel nur das untere Drittel schälen und die Stangen schräg in Stücke schneiden.

2. Brühe, Zucker und Butter aufkochen, erst den weißen Spargel und nach fünf Minuten Garzeit den grünen Spargel dazugeben und weitere 5 bis 10 Minuten garen.

3. Schweinefilet trockentupfen, in acht dicke Scheiben schneiden, diese mit Pfeffer würzen, mit jeweils einer Scheibe Bacon umwickeln, in erhitztem Öl braten, herausnehmen und warm stellen.

4. Schalotten abziehen, fein würfeln und in dem verbliebenen Bratfett andünsten. Mascarpone, Prosecco und 100 ml Spargelsud dazugeben, mit erhitzen und evtl. etwas einkochen lassen. Spargel in die Soße geben, mit Salz, Pfeffer und Estragon abschmecken und zu den Filets servieren. Dazu passen Tagliatelle.

Tipp: Die Soße schmeckt auch sehr gut, wenn Sie ein paar Tomatenwürfel dazugeben.

Pasta mit Spargel und Schweinefilet

verführerisch

Zutaten für 4 Personen:

je 1 kg weißer und grüner Spargel
Salz
etwas Zucker
20 g Butter

Für die Soße:
300 ml süße Sahne
125 g Gorgonzola
50 g geriebener Käse
50 ml Weißwein
Salz
2 Msp. Muskat
(z. B. von Ostmann)
1 Msp. weißer Pfeffer
(z. B. von Ostmann)
1 Msp. Paprikapulver, scharf
(z. B. von Ostmann)

Für die Putenbruststreifen:
4 Putenschnitzel
2 EL Speisestärke
Salz
1/2 TL weißer Pfeffer
(z. B. von Ostmann)
1/2 TL Paprikapulver, edelsüß
(z. B. von Ostmann)
2 EL Speiseöl
600 g frische grüne Tagliatelle

Zubereitung:

1. Spargel putzen, den weißen Spargel ganz, bei dem grünen Spargel nur das untere Drittel schälen und den Spargel in Stücke schneiden.

2. Wasser mit Salz, Zucker und Butter aufkochen, Spargel dazugeben und ca. 15 Minuten garen, den grünen Spargel nur ca. 10 Minuten.

3. In der Zwischenzeit für die Soße Sahne mit Gorgonzola und geriebenem Käse erhitzen, mit Wein verfeinern und mit den Gewürzen abschmecken.

4. Putenschnitzel waschen, trockentupfen und in Streifen schneiden. Stärke mit Salz, Pfeffer und Paprika vermischen, Schnitzelstreifen damit würzen und in erhitztem Öl goldbraun braten. Spargel mit der Soße und den gegarten Nudeln auf Tellern anrichten und mit den Putenfleischstreifen garnieren.

Grün-weißer Spargelzauber

sahnig

Zutaten für 4 Personen:

750 g weißer Spargel
200 ml Fleischbrühe
200 ml süße Sahne
1 TL Zitronensaft
Muskat
4 EL geriebener Allgäuer Emmentaler
4 frische Forellenfilets
Salz
Pfeffer
2–3 EL Mehl
4 EL Butter
2 EL fein gehackte Dillspitzen

Zubereitung:

1. Den Spargel waschen, schälen und die holzigen Enden abschneiden. Die Stangen der Länge nach in Streifen schneiden.

2. Brühe und Sahne zusammen aufkochen, mit Zitronensaft und Muskat abschmecken. Spargelstreifen zufügen und darin gar dünsten. Den Käse unterrühren.

3. Die Forellenfilets salzen und pfeffern, in Mehl wenden. In der nicht zu heißen Butter von beiden Seiten in ca. 8 Minuten goldgelb braten.

4. Die Spargelstreifen mit Soße auf Tellern verteilen, je ein Forellenfilet darauf legen und mit Dill garnieren. Dazu passen neue Kartoffeln.

Forellenfilets auf Spargelstreifen

Zutaten für 4 Personen:

800 g grüner Spargel
Salz
Pfeffer
1 Prise Zucker
3 EL Butter
2 EL Mehl
300 g Lachs
300 ml Milch
50 ml Toscanello
1 Msp. Muskatnuss
1 EL Estragon
10 Lasagneplatten
150 g geriebener Käse

Zubereitung:

1. Spargel putzen und das untere Drittel schälen. In Salzwasser mit einer Prise Zucker und einem Teelöffel Butter ca. 3 Minuten kochen und abgießen. Das Spargelwasser dabei auffangen.

2. Lachs würfeln und mit Salz und Pfeffer würzen.

3. Für die Béchamelsoße restliche Butter in einem Topf schmelzen, Mehl zugeben, anschwitzen, mit Milch, Toscanello und 400 ml Spargelwasser ablöschen. Unter Rühren aufkochen lassen und mit Muskatnuss, Estragon, Salz und Pfeffer abschmecken.

4. Eine Auflaufform einfetten und abwechselnd Béchamelsoße, Spargel, Lachs und Lasagneplatten einschichten. Die letzte Schicht sollte aus Lasagneblättern und Soße bestehen.

5. Mit geriebenem Käse bestreuen und im vorgeheizten Backofen bei 175° C ca. 45 Minuten garen. Nach Wunsch mit frischem Estragon angerichtet servieren.

Spargel-Lasagne Toscanello

verlockend

Zutaten für 4 Personen:

1,5 kg weißer Spargel
je 1/2 TL Salz und Zucker
3 EL Olivenöl
500 g frische Scampi
4 Tomaten
3 EL Kräuteressig
6 EL Sonnenblumenöl
Salz, Pfeffer
2 EL Kräuter der Provence

Zubereitung:

1. Den Spargel waschen und schälen. Holzige Enden abschneiden. Wasser zum Kochen bringen, Salz, Zucker und Butter dazugeben und den Spargel ca. 15 bis 20 Minuten garen.

2. Olivenöl in einer Pfanne erhitzen und die Scampi darin braten. Die Scampi sind gar, wenn die Schale rot gefärbt ist. Die Scampi aus der Schale lösen und warm stellen.

3. Die Tomaten in kleine Stücke schneiden und mit Essig, Öl, Salz, Pfeffer und den Kräutern anmachen.

4. Die Scampi mit dem Spargel auf einer Platte anrichten und die Tomatenmarinade darüber geben.

Scampi mit Spargel

exotisch

Zutaten für 4 Personen:

3 Bund à 200 g grüner Minispargel
1–2 Beutel Garnelen aus der Kühltheke
8–10 neue Kartoffeln
Salz
Pfeffer aus der Mühle
100 g Butter
Butterschmalz
Dill und Zitronenscheiben zum Garnieren

Zubereitung:

1. Den Spargel waschen und putzen. Die Garnelen auftauen und mit einem Küchentuch trockentupfen.

2. Die Kartoffeln in der Schale in reichlich Salzwasser ca. 20 Minuten kochen.

3. In einer Pfanne reichlich Butterschmalz erhitzen und den Minispargel darin 5–10 Minuten dünsten. Beim Wenden sehr vorsichtig sein, denn die dünnen Stangen können leicht zerbrechen. Der Spargel sollte auf jeden Fall noch Biss haben. Mit Salz und Pfeffer aus der Mühle würzen.

4. Die Garnelen ebenfalls in Butterschmalz scharf anbraten und mit Pfeffer würzen. Die Butter zerlassen und getrennt dazu reichen.

Tipp: Minispargel ist in guten Asialäden erhältlich. Diese Sorte ist dem wild vorkommenden Spargel (den bereits die Ägypter vor 3 000 Jahren kannten) am ähnlichsten. Minispargel entspricht in Länge und Dicke in etwa einem Bleistift. Er ist ein relativ teurer Exot, der aus Thailand in Boxen mit Eiskühlung eingeflogen werden muss, da er recht schnell verdirbt.

Minispargel mit Garnelen

südländisch

Zutaten für 4 Personen:

je 1 kg grüner und weißer Spargel
Salz, etwas Zucker
20 g Butter
1 Packung Sauce hollandaise
(z. B. von Ostmann)
1 reife Avocado
etwas Zitronensaft
1 Msp. Cayennepfeffer
(z. B. von Ostmann)
2 Msp. Piment
(z. B. von Ostmann)
1 TL Petersilie
(z. B. von Ostmann)
200 g Räucherlachs

Zubereitung:

1. Spargel putzen, den weißen Spargel ganz, bei dem grünen Spargel nur das untere Drittel schälen.

2. Wasser mit Salz, Zucker und Butter aufkochen, den weißen Spargel ca. 15 Minuten, den grünen nur ca. 10 Minuten darin garen. In der Zwischenzeit die Hollandaise nach Packungsanweisung zubereiten.

3. Avocado schälen, das Fruchtfleisch vom Stein lösen, pürieren, mit etwas Zitronensaft beträufeln, unter die Hollandaise rühren, vorsichtig mit erhitzen und pikant mit Cayennepfeffer, Piment und Petersilie abschmecken.

4. Soße als Spiegel auf große Teller geben, Spargelstangen und Lachs darauf anrichten und nach Wunsch mit gerösteten Mandelblättchen bestreuen.

Tipp: Einen Teil des Lachses mit der Soße pürieren, den restlichen Lachs in Rosetten anrichten.

Spargel auf Avocado-Lachs-Hollandaise

verpackt

Zutaten für 10 Taschen:

1 Packung TK-Blätterteig
500 g Lachsfilet
je 500 g grüner und weißer Spargel
etwas Zitronensaft
200 g Crème fraîche
Salz
1/2 TL bunter Pfeffer
(z. B. von Ostmann)
3–4 Msp. Piment
(z. B. von Ostmann)
1–2 TL Estragonblätter
(z. B. von Ostmann)
20 g Butter
etwas Zucker
50 g geriebener Parmesan
1 Eigelb

Zubereitung:

1. Den Blätterteig nach Packungsanweisung auftauen lassen. Lachsfilet waschen, trockentupfen, in 10 Stücke schneiden und mit Zitronensaft beträufeln.

2. Crème fraîche mit den Gewürzen verrühren, Blätterteig damit einstreichen.

3. Spargel putzen, bei dem grünen Spargel nur das untere Drittel, den weißen Spargel ganz schälen. Wasser mit etwas Salz, einem Stich Butter und einer Prise Zucker zum Kochen bringen und den Spargel ca. 15 Minuten garen. Den Backofen auf 180° C vorheizen.

4. Jeweils drei Spargelstangen und anschließend ein Stück Lachsfilet diagonal auf den Blätterteig legen, mit Parmesan bestreuen, Blätterteig darüber zusammenklappen, mit verquirltem Eigelb bestreichen und ca. 20 bis 30 Minuten goldbraun backen.

5. Nach Wunsch mit Estragon und Parmesan bestreuen sowie mit frischen Spinatblättern garniert servieren.

Spargel-Lachs-Taschen

Zutaten für 4 Personen:

12 küchenfertige Scampi
je 300 g grüner und weißer Spargel
1 Bund Frühlingszwiebeln
2 EL Erdnussöl
200 ml Reiswein
2 EL Sojasoße
etwas Zitronensaft
Salz, Pfeffer
100 g Löwensenf Creme-Dip
1 EL Erdnüsse
bunter Pfeffer

Zubereitung:

1. Scampi waschen und trockentupfen. Spargel waschen, putzen, das untere Drittel des grünen Spargels schälen, weißen Spargel ganz schälen und in Stücke schneiden.

2. Frühlingszwiebeln putzen, waschen und dritteln bzw. halbieren.

3. Öl in einem Wok erhitzen, Scampi darin anbraten, Spargel dazugeben, andünsten, Reiswein und Sojasoße angießen und abgedeckt bei milder Hitze ca. 10 bis 15 Minuten dünsten. Kurz vor Ende der Garzeit Frühlingszwiebeln hinzufügen und alles mit Zitronensaft, Salz und Pfeffer abschmecken.

4. Spargel und Scampi dekorativ auf Platten anrichten, mit gehackten Erdnüssen und buntem Pfeffer bestreuen und mit Creme-Dip servieren.

Spargel mit Senfnote

frittiert

Zutaten für 4 Personen:

750 g weißer Spargel
125 g Mehl
150 ml helles Bier
1 Ei (getrennt)
Salz
1 EL Rapsöl
Rapsöl zum Frittieren

Für die Kräutercreme:
2 hart gekochte Eier
2 Delikatessgurken
1 kleine Zwiebel
350 g leichte Majonäse
2 EL gehackte Petersilie
2 EL Schnittlauchröllchen
Salz
Pfeffer
Zitronensaft
Senf

Zubereitung:

1. Den Spargel waschen, schälen und die holzigen Enden abschneiden. Die Stangen in 5 cm große Stücke schneiden.

2. Mit Wasser gut bedeckt 6 bis 8 Minuten halb gar kochen. Abtropfen und erkalten lassen. Evtl. mit Küchenkrepp trockentupfen.

3. Mehl, Bier, Eigelb, Salz und Öl mit einem Schneebesen verrühren und den Teig 30 Minuten ruhen lassen.

4. In der Zwischenzeit für die Kräutercreme Eier, Gurken und Zwiebel hacken und mit der Majonäse vermischen. Petersilie und Schnittlauchröllchen unterziehen und mit Salz, Pfeffer, Zitronensaft und Senf abschmecken. Zugedeckt kühl stellen.

5. Das Eiweiß steif schlagen und unter den Bierteig ziehen. Die Spargelstücke eintauchen und in einer Fritteuse bei 180° C goldgelb herausbacken.

6. Nach dem Herausnehmen auf Küchenkrepp legen, um das Fett ein wenig zu entziehen, und heiß mit der Kräutercreme servieren.

Frittierter Spargel mit Kräutercreme

Zutaten für 4 Personen:

2 kg weißer Spargel
2–3 EL Kräuterbutter
400 ml Sekt
Salz
Zucker
200 g grüner Spargel
100 g Mascarpone
1 TL Basilikum
(z. B. von Ostmann)
1 Msp. weißer Pfeffer
(z. B. von Ostmann)
1–2 EL Zitronensaft
2 Msp. Thymian
(z. B. von Ostmann)
2 Msp. Rosmarin
(z. B. von Ostmann)
40 g geröstete Pinienkerne
1/2 TL Petersilie
(z. B. von Ostmann)

Zubereitung:

1. Den weißen Spargel putzen und schälen. Kräuterbutter erhitzen, den Spargel darin andünsten, Sekt angießen, mit Salz und etwas Zucker würzen, ca. 5 bis 10 Minuten garen, der Spargel sollte noch Biss haben und im Sud erkalten.

2. Den grünen Spargel putzen, das untere Drittel schälen und den Spargel mit Mascarpone pürieren. Creme mit Salz, Basilikum, Pfeffer und Zitronensaft abschmecken, evtl. etwas Spargelsud unterrühren und mit Thymian und Rosmarin verfeinern.

3. Spargel mit der Soße dekorativ auf einer Platte anrichten und mit Pinienkernen und Petersilie bestreut servieren. Nach Wunsch mit Parmesanspänen und Kapuzinerkresseblüten garnieren.

Weißer Spargel mit Spargel-Mascarpone-Creme

Zutaten für 4 Personen:

250 g mehlig kochende Kartoffeln
100 ml Gemüsebrühe
1 kg grüner Spargel
Salz
1 EL Butter
etwas Zucker
1 Zwiebel
3 EL Walnussöl
Saft einer Zitrone
1 Becher Ricotta
(z. B. von Galbani Finetta)
Pfeffer aus der Mühle
geröstete Mandelblättchen
bunter Pfeffer

Zubereitung:

1. Kartoffeln schälen, waschen, würfeln und in der erhitzten Gemüsebrühe ca. 15 Minuten garen. Spargel waschen, putzen und das untere Drittel schälen.

2. Salzwasser mit Butter und etwas Zucker erhitzen und den Spargel darin ca. 12 Minuten garen. Spargelwasser abgießen, dabei 1/8 l des Kochwassers auffangen.

3. Kartoffeln in der Brühe pürieren und das Spargelwasser angießen.

4. Zwiebel schälen, fein würfeln und mit Öl und Zitronensaft zu den Kartoffeln geben. Den Ricotta unterrühren, mit Salz und Pfeffer pikant abschmecken und mit dem Spargel anrichten.

5. Kartoffel-Ricotta-Creme mit gerösteten Mandelblättchen und buntem Pfeffer bestreuen.

Tipp: Besonders dekorativ sieht es aus, wenn man den Spargel mit Schnittlauchhalmen portionsweise bündelt.

Asparago alla primavera

Zutaten für 4 Personen:

1 kg grüner Spargel
Salz
50 g Butter
etwas Zucker
2 EL Zitronensaft
150 g Gorgonzola
(z. B. Galbani Eccellenza)
1 mittelgroße Tomate
1 EL frisch gehackte Petersilie
grober Pfeffer
Zitronenmelisse

Zubereitung:

1. Spargel waschen, putzen und das untere Drittel schälen.

2. Salzwasser mit einem Esslöffel Butter, etwas Zucker und dem Zitronensaft erhitzen und den Spargel darin ca. 12 Minuten garen.

3. Gorgonzola in Scheiben schneiden. Spargel abgießen, auf einer hitzebeständigen Platte anrichten, die Enden mit Gorgonzola belegen. Im vorgeheizten Backofen bei 200° C ca. 4 Minuten gratinieren.

4. Die Tomate waschen, halbieren, Stielansatz und Kerne entfernen und das Fruchtfleisch in kleine Würfel schneiden.

5. Restliche Butter erhitzen, Tomatenwürfel und Petersilie hinzugeben, kurz dünsten, mit Salz und grobem Pfeffer abschmecken und auf dem Spargel verteilen. Mit Zitronenmelisse garniert servieren.

Asparago al Gorgonzola

saftig

Zutaten für 4 Personen:

800 g geputzter, grüner Spargel
1 Prise Zucker
1 EL Butter
1/4 l Milch
1 Eigelb
20 g flüssige Butter
15 g Speisestärke
1/4 l süße Sahne
Salz
1 EL Zitronensaft
Muskatnuss
125 g Mozzarella (z. B. von Zott)
1 EL fein gehackter Kerbel
2 fein gewürfelte Tomaten
1 EL Kerbelblättchen

Zubereitung:

1. Reichlich Salzwasser mit etwas Zucker und Butter erhitzen und den Spargel darin etwa 10 Minuten kochen. Herausnehmen und abtropfen lassen.

2. Für die Soße Milch, Eigelb, flüssige Butter und Speisestärke verrühren und unter Rühren zum Kochen bringen. Die Sahne zugießen, mit den Gewürzen abschmecken und den in kleine Würfel geschnittenen Mozzarella dazugeben.

3. Wenn der Käse geschmolzen ist, den fein gehackten Kerbel dazugeben und kurz umrühren.

4. Den Spargel auf feuerfesten Tellern anrichten, mit der Soße übergießen und im vorgeheizten Backofen bei 200° C ca. 5 Minuten überbacken.

5. Mit Tomatenwürfelchen und Kerbelblättchen bestreuen und servieren.

Grüner Spargel mit Mozzarella

Zutaten für 4 Personen:

je 600 g grüner und weißer Spargel
Salz
Zucker
1 TL Butter
1 Schalotte
1 Cornichon
1 Päckchen TK-Kräuter
1 Becher Jogurt
1 TL Senf
Cayennepfeffer
5 EL Speiseöl
6 große Eier
2 EL Milch
1 EL TK-Schnittlauch
Pfeffer
einige Kerbelblätter

Zubereitung:

1. Spargel putzen, weißen komplett und grünen nur am unteren Drittel schälen und die Enden abschneiden. In Salzwasser mit etwas Zucker und Butter ca. 20 Minuten kochen.

2. Schalotte abziehen und mit der Cornichon grob würfeln. Beides mit Kräutern, Jogurt und einem Esslöffel Öl pürieren. Die Soße mit Senf, Salz und Cayennepfeffer abschmecken.

3. Eier trennen und das Eigelb mit Milch, Schnittlauch, Salz und Pfeffer verquirlen. Eiweiß steif schlagen und unterziehen.

4. Je einen Esslöffel Öl in eine Pfanne geben und nach und nach vier Omelettes backen. Je eine Portion grünen und weißen Spargel auf die Omelettes legen und einmal überschlagen.

5. Mit der Kräutersoße und mit Kerbelblättern garniert servieren.

Spargel-Kräuteromelettes

schmackhaft

Zutaten für 4 Personen:

je 1 rote und gelbe Paprikaschote
1 Zwiebel
2 Knoblauchzehen
1 kg grüner Spargel
2 EL Olivenöl
1 Dose stückige Tomaten
150 ml Rotwein (z. B. Medinet Rouge von Langguth)
Salz
1 Prise Zucker
1 EL Butter
Pfeffer

Zubereitung:

1. Paprikaschoten halbieren, putzen, waschen und das Fruchtfleisch in Würfel schneiden. Zwiebel und Knoblauch abziehen. Zwiebel fein würfeln und Knoblauch zerdrücken.

2. Spargel putzen und unteres Drittel schälen.

3. Olivenöl erhitzen, Knoblauch und Zwiebelwürfel darin andünsten, Paprikawürfel zugeben und kurz mitgaren. Die Tomaten und den Rotwein angießen und ca. 10 Minuten einkochen lassen.

4. Spargel in kochendem Salzwasser mit Zucker und Butter ca. 10 Minuten garen und abgießen. Soße mit Salz, Pfeffer und Zucker abschmecken und zum Spargel sowie nach Wunsch mit frischen Kräutern garniert servieren.

Grüner Spargel Mediterranee

Zutaten für 4 Personen:

2 kg weißer Spargel
1 TL Gemüsebrühe
(z. B. von Maggi)
125 g Reismischung mit Wildreis
1 TL Fondor
1/2 TL Zucker
10 g Butter
1 Mango
1 Beutel Zubereitung für Sauce hollandaise
(z. B. von Maggi Meisterklasse)
125 g Butter

Zubereitung:

1. 250 ml Wasser zum Kochen bringen, die Gemüsebrühe darin auflösen, die Reismischung dazugeben und ca. 20 Minuten kochen.

2. Den Spargel schälen und in reichlich Wasser mit Fondor, Zucker und Butter in 20 Minuten garen. Beim Abschütten das Spargelwasser auffangen.

3. Die Mango schälen und das Fruchtfleisch vom Kern trennen. Eine Hälfte pürieren, die andere Hälfte in kleine Würfel schneiden.

4. 1/8 l des Spargelwassers erwärmen, die Sauce hollandaise mit einem Schneebesen einrühren und zum Kochen bringen. Die Butter in Stücke schneiden und gut unterschlagen, bis sie geschmolzen ist. Zum Schluss das Mangopüree und die -Würfel unterheben.

Tipp: Die Mango kann auch durch Pfirsiche aus der Dose ersetzt werden.

Spargel an Mango-Hollandaise und Wildreis

Zutaten
für 4–6 Personen:

1 kg weißer Spargel
50 g Butter
Salz, Zucker, Muskat
2 cl trockener Weißwein

Zubereitung:

1. Spargel waschen, schälen, holzige Enden abschneiden. Die Stangen in ca. 3 cm große Stücke schneiden.

2. Die Butter in einem breiten Topf zerlassen. Die Spargelstücke mit Salz, Zucker, Muskat und Wein dazugeben. Zugedeckt bei schwacher Hitze ca. 15 Minuten dünsten.

3. Spargel in einem Fonduetopf servieren und vorbereitete Soßen dazu reichen, in die die Spargelstücke mit Fonduegabel eingetaucht werden.

Dip mit Dill:

Dillmajonäse abgeschmeckt mit Salz, Pfeffer und Worcestersoße.

Dip mit Wein:

Majonäse mit mildem Senf, Salz, Cayennepfeffer und einem Schuss Weißwein verrühren.

Dip mit Knoblauch:

Jogurt mit Dijonsenf, Rapsöl, Eierhack, Dill, Kresse und Petersilie verrühren, mit Weißweinessig, Knoblauchsalz, Pfeffer und einem Spritzer Tabasco abschmecken.

Dip mit Paprika:

Sahnequark mit Majonäse, Tomatenketschup, Salz, Pfeffer und Edelsüßpaprika glatt rühren, mit Pfefferschoten garnieren.

Dip mit Kräutern:

Jogurt mit süßer Sahne, Delikatess-Senf, Zitronensaft, Salz, Pfeffer und gehackten, gemischten Kräutern verrühren.

Dip mit Quark:

Quark mit Milch, gewürfelter Zwiebel, fein geschnittenem Estragon, Salz, Pfeffer und Worcestersoße verrühren.

Spargelfondue mit pikanten Dips

Register

Wir danken folgenden Firmen für ihre freundliche Unterstützung:

CMA Centrale Marketing-Gesellschaft der deutschen Agrarwirtschaft mbH, Bonn 8/9, 10/11, 12/13, 14/15, 18/19, 22/23, 30/31, 34/35, 52/53, 66/67, 82/83
Frau Antjes Feinschmecker-Kochstudio 26/27
Ketchum GmbH, München
- Almond Board of California 16/17, 44/45
- Meggle GmbH 42/43
Maggi Kochstudio, Frankfurt 32/33, 38/39, 46/47, 80/81
The Food Professionals Köhnen GmbH, Sprockhövel
- Galbani 48/49, 70/71, 72/73
- Gewürzwelt Ostmann 28/29, 50/51, 60/61, 62/63, 68/69
- Langguth Wein Service 40/41, 54/55, 76/77, 78/79
- Löwensenf 24/25, 64/65
Wirths Public Relations GmbH, Fischach 74/75

Genehmigte Lizenzausgabe
EDITION XXL GmbH
Fränkisch-Crumbach 2005

Layout und Satz: Mathias Weil

ISBN: 3-89736-126-4